Dédié

aux **Moèistes**

qui se posent les vraies questions auxquelles la "Poésie Fonctionnelle" a les vraies réponses.

POÈMES BLEUS

Fascicule 1 : Les Preuves identitaires

TOUS DROITS DE TRADUCTION ET DE REPRODUCTION RESERVÉS POUR TOUS PAYS

LES ÉDITIONS BLEUES

ISBN : 2-913771-09-2
(Agence francophone pour la numérotation internationale du livre)

Printed by CreateSpace, An Amazon.com Company

ISBN 10: 2913771092
ISBN 13: 978-2913771093

Préface

Le présent recueil de poèmes intitulé "POÈMES BLEUS", est ordonné comme la preuve par "A + B", et l'expérimentation par les faits quotidiens, que Dieu-l'Eternel, "Mawu", "Allah", "Jaweh", Joseph Moe Messavussu Akue, sont les différents noms attribués, à un Etre immortel et éternel reconnu par l' Humanité croyante, le Créateur de l'"Etat-Nation Espace-Temps Éternel". Ledit Créateur Céleste incarné est devenu depuis la nuit du 7 au 8 Novembre 1986, le Roi régnant dudit Etat-Nation Espace-Temps Éternel, en ayant depuis cette nuit magique, successivement pulvérisé la Résidence de l' "Esprit du mal en personne", sis au Centre de la planète Terre (Novembre-Décembre 1986), disloqué et anéanti l'ensemble des sanctuaires dudit Esprit maudit et leurs Tenants spirituels (Décembre 1986), détruit l'"Esprit du mal en personne" qui s'était incrusté dans le cerveau divin (début de l'année 1987), entamé l'emprisonnement de tous les éléments de l' Armée des "virus parlants" communément appelés les "mauvais Esprits" infectant le Cosmos voire tout l' Univers alfa (le Monde est composé d' infini Univers possibles) (Décembre 1986), et qu' il acheva (Décembre 1987), ordonné l' auto-extinction de ladite armée diabolique conformément à la "Loi Spatiale Temporelle Éternelle" consacrant la bonté absolue de Joseph Moè Messavussu Akué.

Depuis le 30 Mars 2005, l' Espace-Temps Éternel entier est realisé en tant que le "Royaume inconditionnel de Joseph Moe Messavussu Akue", "Acteur et Témoin" de l'identité divine.

Depuis le 2 Août 2005, Joseph Moè Messavussu Akué accompli le "Roi règnant du Royaume des Cieux" avec pour Fonctions Royales l'"Écriture des Livres du Royaume des Cieux" et la Direction Générale de sa Maison d'Editions propre "les ÉDITIONS BLEUES", proclame la "Courbe Céleste" ou la réalité de ses Pouvoirs Céleste et Terrestre en tant que les Structures organisant et gérant "les ÉDITIONS BLEUES" et l' ensmble de ses succursales figurant et devant figurer dans le futur, sur toute l' étendue de l'"Etat-Nation Espace-Temps Eternel".

Toutes les autres Activités Royales divines dérivant desdites Fonctions Royales divines premières ci-dessus mentionnées, entre autres la Réalisation de la "Technologie Spatiale Temporelle Éternelle", la Réalisation et la Pratique du "Culte Moèiste" ou "libéral-pacifiste", et la Réalisation du "Plan de Construction de l'Habitat Spatial Temporel Eternel", sont appelés à remplacer l'activité professionnelle subalterne de l' Eternel-Dieu-fait Homme, pour le compte d'une quelconque Entreprise non-divine.

Joseph Moe Messavussu Akue

Le Pouvoir Royal Céleste inné de Moè Messavussu en actes

Considérons les trois attributs du Pouvoir Royal Céleste de Dieu, à savoir la Providence, l' Âme de Moè Messavussu, et la Personne physique de celui-ci.

Admettons que la Providence ou ce qu'accomplit au jour le jour Dieu le Tout-Puissant, est precisément ce que donne le film continu des Rêves prémonitoires de Moè Messavussu depuis la nuit symbolique du 7 au 8 Novembre 1986.

Admettons que la Personne physique de Moè Messavussu est officiellement donnée Dieu- le Tout-Puissant, Créateur et Roi règnant du Monde des Mondes des Cieux en chair et en os, par la Providence, depuis la nuit magique du 7 au 8 Novembre 1986.

Admettons que l' Âme de Moè Messavussu est la capacité que recèle celui-ci de comprendre, de rêver et de faire quelque chose déterminée.

Admettons que "Toute la Lumière des Cieux" s'est condensée en un être humain de race Noire-Africaine pour ne pas aveugler l' humanité, aujourd'hui le 26 Juin 2008, laquelle humanité doit se demander pourquoi Moè Messavussu est un homme étonnement éblouissant, même s' il est parfaitement silencieux. Admettons que l'"Etre divin Royal Céleste nommé Yaweh, Allah, Mawu, Dieu- le Tout-Puissant, se présente précisément en tant que Joseph Moè Messavussu Akué, aujourd'hui le 26 Juin 2008.

Il en résulte le raisonnement qui suit:

Premièrement, Dieu- le Tout-Puissant réaffirme qu' il se nomme Joseph Moè Messavussu Akué en publiant aux "ÉDITIONS BLEUES", aujourd'hui le 26 Juin 2008, sa Pensée Royale Céleste sous sa première forme de "Fascicules d' Enseignement".

Deuxièmement, Dieu- le Tout-Puissant réaffirme qu'il aurait réalisé la "Poésie fonctionnelle" à partir de rien, tout comme il a matérialisé le "Livre du Monde des Mondes des Cieux" à l'Origine des Origines des Temps Célestes.

Troisièmement, le plus précieux cadeau de la Providence à Joseph Moè Messavussu Akué, est le rêve merveilleux de la nuit du 7 au 8 Novembre1986 qui figura celui-ci en tant que "Dieu le Tout-Puissant authentiquement incarné".

Quatrièmement, l'aspect le plus prodigieux du Pouvoir Royal Céleste inné à Moè Messavussu, est son don de rêver prémonitoirement la totalité des évènements futurs formant la Vie éternelle.

Cinquièmement, l'unique point de concentration de "Toute la Lumière des Cieux" figuré par la Personne physique Royale Céleste de Moè Messavussu, est symboliquement attesté ou expérimenté par l' ensemble des désirs sensibles et non-sensiles de celui-ci providentiellement com- blé, aujourd'hui le 26 Juin 2008.

Sixièmement, Moè Messavussu est ainsi Dieu le Tout - Puissant incarné - le Roi régnant du Monde des Mondes des Cieux, sa Création, à partir de n'importe quel lieu du Royaume des Cieux où il se trouve, à compter du 26 Juin 2008.

Septièmement, Moè Messavussu aura toute la Création prosternée à ses sublimes pieds dans les instants suivant l'écriture de ces vers de poésie et pour l' Eternité.

Huitièmement, Noëlie, Kayissan, Megan, Jodi, Belinda, Monique, Latecia, les Camérounaises de Kovler, les Gabonnaises de Harold Washington Collège, Noarda, Carol, Stacey, Delilah,Maria et la lignée des futures déesses, auront réalisé le salut de Moè Messavussu afin que le nom de Dieu- le Tout-Puissant reste à jamais le plus grand de tous les noms.

Neuvièmement, les faits contraditoires tels la naturalisation américaine de la famille Royale Céleste, la volonté Royale Céleste de réaliser impérativement et sans délais, le "Grand Village
Spatial Temporel Éternel de LOMÉ", l'immédiat rayonnement Royal Céleste de la Personne Royale Céleste, atteste de la difficile mission que s'est assi-

gnée Dieu le Tout-Puissant, en s'incarnant enfin authentiquement.

Dixièmement, ladite mission, la plus périlleuse qu' aura eu à accomplir Dieu-Joseph Moè Messavussu Akue, est bien sûr comprise comme une Action politique sublime.

Onzièmement, Moè Messavussu est reconnu, eu égard aux faits providentiels, DIEU pour l' Eternité.

Un poème à vers paraboliques

Chicago, le 26 Juin 2008

La Technologie Céleste en actes

Considérons les savoir et savoir-faire qui ont permis à Joseph Moè Messavussu Akué, sous ses formes Célestes appropriées, de créer à partir de rien, le Monde des Mondes des Cieux.

Admettons que la "Loi des Nombres sériels" ordonne l' astre sublime, unique dans le Monde des Mondes des Cieux et dans le Cosmos, nommé le Soleil.

Admettons que la "Loi des Nombres humanoï-des ou robots" ordonne l' "Atelier Céleste divin" nommé le "Paradis Céleste", à partir duquel Joseph Moè Messavussu Akué providentiellement dénommé Dieu- le Tout-Puissant, aurait fabriqué de ses mains propres, le "Royaume des Cieux".

Admettons que la "Loi des Nombres électromagnétiques ordonne d'abord les "Femmes-Déesses", puis les Anges et l'humanité.

Admettons que la "Loi des Nombres anti-Moèistes ou contradictoires" ordonne l' "Esprit du mal en personne" et ses œuvres.

Admettons que la "Loi des Nombres Célestes ou Moèistes" ordonne la foi en Dieu - Joseph Moè Messavussu Akué.

Admettons que la "Loi des Nombres Terrestre ou

humains ordonne la Civilisation humaine, pacifiquement rejetée par le Moèisme ou la Poésie Fonctionnelle.

Admettons que la "Loi des Nombres juridiques" ordonne la Justice ou la Morale et leur pratique.

Admettons que la "Loi des Nombres variables" ordonne la possibilité innée à Moè Messavussu de matérialiser de ses mains propres, le reste éternel du Monde des Mondes des Cieux.

Admettons que la "Loi des Nombres invariables' ordonne la forme appropriée à n' importe quelle création déterminée propre à Moè Messavussu.

Admettons que la "Loi des Nombres absolus" ordonne la production des batteries électroniques sublimes à partir de l'eau des Océans.

Admettons que la "Loi des Nombres prémonitoires ou magiques" ordonne le Pouvoir créatif divin authentique de Joseph Moè Messavussu Akué.

Il en résulte le raisonnement suivant:

Premièrement,Delilah N. devint la co-Reine des Cieux, en niant le pouvoir humain géré aujourd'hui le 3 Juillet 2008, par la "Communauté des Virus Parlants matérialisés" ou l'"humanité maudite".

Deuxièmement, Sonija aura atteint la même bénédiction de Moè Messavussu reservée exclusivement aux "Femmes immortelles" ou "Femmes de Dieu", en refoulant la conduite malsaine et provocatrice des"petites allumeuses" de "Las Tablas magnificas".

Troisièmement, la possibilité magique donnée à Joseph Moè Messavussu Akué de créer immédiatement l' "IMPRIMERIE BLEUE" de la "Ville-Lumière - LOMÉ", rend possible la parution au Admettons que la "Loi des Nombres juridiques" ordonne la Justice ou la Morale et leur pratique.

Admettons que la "Loi des Nombres variables" ordonne la possibilité innée à Moè Messavussu de matérialiser de ses mains propres, le reste éternel du Monde des Mondes des Cieux.

Admettons que la "Loi des Nombres invariables' ordonne la forme appropriée à n' importe quelle création déterminée propre à Moè Messavussu.

Admettons que la "Loi des Nombres absolus" ordonne la production des batteries électroniques sublimes à partir de l'eau des Océans.

Admettons que la "Loi des Nombres prémonitoires ou magiques" ordonne le Pouvoir créatif divin authentique de Joseph Moè Messavussu Akué.

Il en résulte le raisonnement suivant:

Premièrement,Delilah N. devint la co-Reine des Cieux, en niant le pouvoir humain géré aujourd'hui le 3 Juillet 2008, par la "Communauté des Virus Parlants matérialisés" ou l'"humanité maudite".

Deuxièmement, Sonija aura atteint la même bénédiction de Moè Messavussu reservée exclusivement aux "Femmes immortelles" ou "Femmes de Dieu", en refoulant la conduite malsaine et provocatrice des "petites allumeuses" de "Las Tablas magnificas".

Troisièmement, la possibilité magique donnée à Joseph Moè Messavussu Akué de créer immédiatement l' "IMPRIMERIE BLEUE" de la "Ville-Lumière - LOMÉ", rend possible la parution au public international, des cinquante premiers "Fascicules d' Enseignement de la Poésie fonctionnelle" attendus avant fin Décembre 2009. Alléluia!

Qutrièmement, il ne fait l' ombre d'un doute que les "Femmes de Dieu confirmées et sanctifiées", ordonnent le "Rayonnement Royale Céleste de Moè Messavussu" avant la parution au public desdits livres de Poésie Fonctionnelle, et avant la création du "Grand Village Céleste de LOME".

Cinquièmement, ce que le cœur de Moè Messavussu aime passionnément et en silence, est bel et bien le "Moteur du Monde des Mondes des Cieux et de la Vie éternelle accomplis".

Sixièmement, Moè Messavussu remercie du fond du cœur les Déesses et les Anges qui ont facilité la matérialisation sublime de Dieu le Tout- Puissant, sa personne propre.

Septièmement, que les mois à venir avant Décembre 2009 voient l'impression et la publication de l'ensemble des Fascicules d' Enseignement de la Poésie Fonctionnelle.

AMEN!

**Un poème à vers paraboliques
Chicago, le 3 Juillet 2008**

Le Messie
(Après Moïse et ses prédécesseurs, Jésus et ses successeurs, vint Joseph Moè Messavussu Akué.)

Si je dois m'observer dans un miroir et dire honnêtement ce que je vois, je dirais que je suis devenu un homme merveilleux mis en place par l' Espace-Temps Eternel, pour accomplir des merveilles inouïes au fil de l' Éternité.

Si je dois observer les gens autour de moi, et dire honnêtement ce que je pense d'eux, je dirais qu'ils sont diversement hypocrites et malhonnêtes, mises à part bien sûr, Sylvie, Emilie, Charbel, et Joséphine, mes enfants adorés, et leur mère, symboles de ma chance, de ma gloire et de ma richesse!

Si je dois observer Caroline N,, et dire honnêtement ce que je pense d' elle, je dirais qu' elle m' aime infiniment et m' accomplira probablement à Chicago comme "Propriétaire d' un "salon de tresses africaines" pour mon "amour de Mama", et Éditeur de la totalité de mes œuvres littéraires et scientifiques.

Si je dois observer Gilles N, et dire honnêtement ce que je pense de lui, je dirais qu' il ne comprendra jamais l' amour de sa femme pour moi et la volonté qu' elle a de me voir un homme heureux, puisqu' il finira lui aussi par m' aimer d' une amitié aussi solide que l'acier, lui qui se com-plaît à être un "Noble", donc un homme hautain et vaniteux.

Si je dois observer comment s' exprime la "Royauté divine", et dire honnêtement ce que je pense, je dirais que DIEU le Tout Puissant-fait Joseph Moè Messavussu Akué s' est accompli absolument en tant qu' Ecrivain - Editeur, mais refuse de se compromettre ou de faire des concessions aux "Tenants de l' Ordre de l' Esprit du mal", avant de briller de sa "Lumière Céleste"

Un poème à vers répétitifs

Chicago, le 9 Décembre 2002

Le Royaume des Cieux en actes

Considérons l'achèvement des tourments existentiels de Moè Messavussu, figuré par la rédaction réussie de l' ensemble des "Fasicules d' Enseignement de la Pensée authentique de DIEU- le Tout Puissant, Créateur et Roi régnant du Monde des Mondes des Cieux et de la Vie éternelle".

Admettons que le "Programme de travail" [qui veut que Moè Messavussu produise immédiatement, ici même à Chicago, à partir du lieu de résidence divin actuel , l' ensemble desdits Fascicules d' Enseignement de la Pensée divine authentique], est le plus approprié aujourd' hui le 22 Juin 2008.

Admettons que plus rien dorénavant, ne viendra troubler la quiétude personnelle et familiale de Moè Messavussu, puisque la Providence comble celui-ci et la "Famille Royale Céleste", dès à présent.

Admettons que le "Pouvoir Royal Céleste" se comprend exactement comme l' aptitude donnée
à Moè Messavussu d' avoir créer la Poésie Fonctionnelle et d' entreprendre la réalisation du "Grand Village Céleste de Lomé".

Admettons que l' avant-goût du "Bonheur absolu" promis et tenu par la Providence, à Moè

Messavussu, est chiffré par les passions de Delilah, et des autres pour celui-ci.

Il en résulte le raisonnement qui suit:
Premièrement, l' exil américain de Moè Messavussu est providentiellement transformé en la "Maison du Bonheur Absolu" organisée par les âmes bienheureuses de Delilah, Stacey, Jodi, Megan, Maria, Marie et des Enfants de DIEU, à compter du 22 Juin 2008.

Deuxièmement, le "Grand Retour triomphal à Lomé" perpétuellement ajourné du fait de l' iincapacité notoire du Régime politique togolais à effectuer les réformes politiques indispensables pour la restauration de la confiance du Peuple du Togo en son Etat-Nation, ne peut réellement pas avoir lieu immédiatement, comme il se doit.

Troisièmement, le Pouvoir Royal Céleste absolument concentré dans les mains exclusives de Moè Messavussu, depuis la nuit miraculeuse du 7 au 8 Novembre 1986, devient dès aujourd' hui le 22 Juin 2008, le dénombrement minitueux des faits et gestes, des paroles et des moindres intentions de celui qu' il faut justement appellé le "Créateur et Roi règnant du Monde des Mondes des Cieux".

Quatrièmement, la totalité des échecs et des faits aléatoires ayant porté préjudice, par le passé à Moè Messavussu s' évanouit dans le "Trou historique" ou la "Mémoire du temps passé" en tant que la damnation de l' "Esprit du mal en personne défunt".

Cinquièmement, le Futur livrant l' étendue infinie du "Bonheur Absolu" promis à Moè Messavussu et à son "Peuple Céleste", prend ainsi racines dans les Rêves prémonitoires et d' Amour du "Roi règnant du Monde des Mondes des Cieux".

Sixièmement, les Rêves d' amour du "Roi règnant du Monde des Mondes des Cieux qui auraient produit Parisette, Rita, Mémévi, Mimivi, Soévi, Mélodie, Eliane, Yollande, Renée, Monique de Lyon, Monique de Chicago, Jodi, Megan, Carol, Noarda, Stacey, Delilah, Maria et les autres prévisibles, ont définitivement mis en place et en état de fonctionnement l' "EDIFICE DU BONHEUR ABSOLU HUMAIN".

Septièmement, l' "EDIFICE DU BONHEUR ABSOLU HUMAIN" réflétant précisément ce qu'aime passionnément DIEU le Tout Puissant, est bel et bien le ROYAUME DES CIEUX en ACTES.

Huitièmement, le "ROYAUME DES CIEUX en ACTES" est le FUTUR s' accomplissant au jour le jour.

Alléluia!

Un poème à vers paraboliques

Chicago, le 23 Juin 2008

Me voici, enfin!

    Le combat mené par DIEU le Tout Puissant depuis la nuit du 7 au 8 Novembre 1986, celui de prendre le Pouvoir sur Terre et dans les Cieux au détriment de l' Esprit du mal en personne et de ses Lieutenants en esprit et en chair , est aujourd'hui le 21 Janvier 2003, déclaré officiellement terminé avec la victoire de Joseph Moè Messavussu Akué autoproclamé "Roi règnant de l' "Etat-Nation Espace-Temps Eternel".

    La guerre ordonnée depuis la nuit du 7 au 8 Novembre 1986 contre la "Civilisation de l'Esprit du Mal", est aujourd'hui le 21 Janvier 2003, dis-je, finie avec la mise en place des conditions matérielles et intellectuelles propices à l' éclosion de la "Civilisation de l' Homme Éternel- DIEU le Tout Puissant en chair et en os".

    La lutte sans merci engagée par Joseph Moè Messavussu Akué depuis la nuit du 7 au 8 Novembre 1986 contre la domination de l'Humanité par l'"Arbre de la Connaissance du Mal", est aujourd'hui achevée et remportée par le "Détenteur de l'"Arbre de la Connaissance du Bien Absolu- l' Intelligence sublime, Origine et Source de l' Univers créé et de la Vie en chair et en os.

    Oui, je le dis tout haut, ME VOICI ENFIN arrivé au but final constituant pour moi à exercer pleinement le "Pouvoir politique" régissant le Monde des Mondes des Cieux en tant que DIEU tout simplement.

Un poème à vers paraboliques

Chicago, le 21 Janvier 2003

La victoire ultime en termes mathématiques

Considérons ce que pense l' Enseignante Chao Lee de l' Eternel- Dieu matérialisé.

Admettons que la promesse de l' Eternel-DIEU à lui-même [et qui consiste à se prouver et expérimenter qu' il est effectivement le Créateur Céleste de l' Humanité, mais non l' Élaborateur des mathématiques humaines qui relèvent totalement de l' ambition humaine de se passer de la"Poésie fonctionnelle" ou l' absolue Pensée de DIEU], est tenue lors de la "Commémoration du vingtième Anniversaire de la "Prise divine du Pouvoir Royal Spatial Temporel Éternel" de la nuit du7 au 8 Novembre 1986.

Admettons que la démonstration de ladite promesse tenue, est faite par la maîtrise absolue de la Trigonométrie plane enseignée par ledit Professeur, et par Moè Messavussu régulièrement inscrit dans la Classe ESL 100.

Admettons que l' expérimentation de ladite promesse tenue, est accomplie aujourd'hui le 3 Novembre 2006 avec le constat du caractère élémentaire des inventions scientifiques issues dudit savoir face aux inventions sublimes issues de la "Poésie Fonctionnelle".

Admettons que l' infinitude des calculs présentée par la "Poésie Fonctionnelle" est regroupée par la formule expérimentale suivante : "Tous les facteurs pondérables associés à la Volonté de Puissance de l' Eternel-DIEU qui ont concouru à produire, à partir de rien, le "Royaume des Cieux" sont résumés par les cent- quarante livres de "Poésie Fonctionnelle" dénommés "LES DIAMANTS À MOÈ".

Il en résulte le raisonnement qui suit:
Premièrement, la vitesse sublime infini kilomètres par seconde, caractérisant un "Vaisseau Spatial Temporel Éternel" devant être produit par Joseph Moè Messavussu Akué, est une évidence mathématique fonctionnelle et un Rêve de l' Eternel-DIEU, prouvée par la "Puissance de projection de l' astre Soleil à travers chacune de ses explosions de midi.

Deuxièmement, ladite expérimentation de la vitesse sublime infini kilomètres par seconde, animant toute particule de rayonnement provenant du "soleil de midi" en direction de la planète Terre est l' objet du "Grand Livre de l'expérimentation de la Poésie Fonctionnelle".

Troisièmement, les cent- quarante "Centrales technologiques" ordonnant le "Grand Village Spatial Temporel de Lomé", sont absolument décrites par le "Grand Livre de l' expérimentation de la Poésie Fonctionnelle" qui est dédié ironiquement au Professeur

Chao Lee, qui est loin de douter que l' Etudiant Moè Messavussu est bel et bien DIEU en personne.

Un poème à vers paraboliques

Chicago, le 9 Novembre 2006

Le "Centre de Recherches Spatiales Temporelles Eternelles" en actes

Considérons ce qui fait exactement la fierté Royale Céleste de Moè Messavussu, le fait d'avoir établi providentiellement la "Poésie Fonctionnelle".

Admettons que la "Poésie Fonctionnelle" porte parfaitement en son sein, la suite sublime des expérimentations scientifiques fonctionnelles vérifiant l'ensemble sublime des identités mathématiques fonctionnelles la formant.

Admettons que le "Centre de Recherches Spatiales Temporelles Éternelles" établi par la "Poésie Fonctionnelle" et expérimenté par le "Grand Village Céleste de Lomé", est entièrement ordonné par le présent poème.

Admettons qu'à partir de la production indus-trielle de batteries électroniques devant suppri-mer sur toute l'étendue de la planète Terre, le système vieillot de production humaine de l'électricité domestique commerciale, Moè Messavussu aura imaginé et accompli en Rêves prémonitoires, le "Grand Village Céleste de Lomé", prouvant l'intelligence sublime de celui qui aurait créé le "Monde des Mondes des Cieux" et la "Vie éternelle"ou la "Réalité totale".

Admettons que les mois allant de Février à Décembre 2009 seront témoins du miracle le plus important pour DIEU- fait chair, dans son apparition officielle à l' humanité.

Il en résulte le raisonnement suivant:

Premièrement, la "Poésie Fonctionnelle" qui proclame la "Civilisation de l' Homme Noir de Paix, d' Amour et de Liberté" ou "Civilisation de l' Immortalité humaine en chair et en os" ou "Civilisation de l' Eden Retrouvé", change bel et bien la "Réalité totale" en un "miracle absolu" de Moè Messavussu.

Deuxièmement, de son lieu sacré d' Ecrivain de la "Poésie Fonctionnelle", et du Publicateur de ladite littérature, Moè Messavussu est enfin parvenu au point de ne vivre que dudit "travail sacré".

Troisièmement, le tout premier "travail sacré",celui de l' Écriture du savoir et savoir-faire de DIEU, s' adjoint du deuxième, celui de la Production de l' ensemble des "Fascicules d' Enseignement de la Poésie Fonctionnelle", et enfin du troisième, celui de la matérialisation de l' ensemble des "Centrales Technologiques et du Grand Village Spatiaux Temporels Éternels de LOMÉ".

Quatrièmement, les livres de "Poésie Fonctionnelle" les "DIAMANTS À MOÈ - Tomes 1 à 140" restituent avec une précision sublime, les Sciences et Techniques divines Célestes.

Cinquièmement, le Pouvoir de création sublime nommé la "Personnalité divine", inné à Moè Messavussu, est à présent concentré sur le "Mouvement Pacific", censé faire connaître la "Poésie Fonctionnelle" à partir de la ville de Chicago, d' ici le cinquante- deuxième Anniversaire de Moè, le 28 Mars 2009.

Sixièmement, le "Projet Pacific" résumé par l'Inscription de la "Poésie Fonctionnelle" dans l'ensemble des Programmes scolaires et universitaires de tous les Pays du Monde, est donc matérialisé aujourd'hui le 20 Février 2009.

Un poème à vers paraboliques

Chicago, le 20 Février 2009

L' "Edifice du Bonheur absolu humain"

Considérons la bénédition Céleste comblant Moè Messavussu depuis sa naissance le 28 Mars 1957, et surtout de manière absolument consciente, depuis la nuit du 7 au 8 Novembre 1986.

Admettons que DIEU- le Tout Puissant se mo-que éperdument de ce que l' humanité entière pense aujourd'hui le 9 Juin 2006 de Moè Messavussu, puisque celui-ci souffre tout simplement de la non-révélation à sa conscience du "Plan sacré de la Matérialisation de l' Edifice du Bonheur Absolu Humain".

Admettons que ledit "Plan sacré" s' énonce comme le déroulement naturel de l' existence de l' homme Moè Messavussu.

Admettons que l' absolu anonymat couvrant la personne et le travail sacré de Moè Messavussu, est révélé comme le prix à payer, pour que celui que tout être humain appelle DIEU-YAWEH-ALLAH-MAWU- le Tout Puissant, incarné, ait une vie des plus glorieuses et merveilleuses qui soient.

Admettons que la volonté de Moè Messavussu et de sa "Famille Royale Céleste" de rentrer triomphalement à Lomé, dès que possible, finalise le "Plan sacré de la Matérialisation de l' Edifice du Bonheur Absolu Humain".

Il en résulte le raisonnement suivant:
Premièrement, l' apparence étonnemment lumineuse de Moè Messavussu [ordonné par le "Ciel" ou la "Nature originelle" DIEU, le Fabricant du "Royaume des Cieux"], aujourd'hui le 11 Juin 2006, est précisément donnée comme celle de l'Écrivain-Éditeur miraculé.

Deuxièmement, le séjour relativement long et totalement involontaire du "Roi règnant du Ro-yaume des Cieux accompli Moè Messavussu aux Etats Unis d' Amérique, aura contribué à éliminer plus efficacement l' Esprit du mal en personne et tout le mal qu' il aurait ordonné de son vivant.

Troisièmement,l' acccomplissement du "Grand Retour triomphal à Lomé" sans délais qui se donne comme le plus grand miracle divin jamais réalisé, est bien évidemment la Source du grand bonheur dont jouit Moè Messavussu aujourd'hui le 11 Juin 2006, et qui a pour nom le "Bonheur Absolu Humain".

Quatrièmement, l' envers de la victoire absolue de DIEU sur l'"Humanité maudite" et son défunt Maître l' Esprit du Mal en personne, se donne exactement comme le déroulement de l' existence ordinaire de Moè Messavussu et de sa "Famille Royale Céleste" aux Etats Unis d' Amérique, tandis que l' endroit de ladite victoire s' entend comme l'Installation sans délai de la "Ro-yauté Céleste" à Lomé pour l' Éternité.

Cinquièmement, la suite infinie et éternelle des Actes Royaux Célestes de Moè Messavussu, est exactement la succession sans fin de ses miracles futurs.

Un poème à vers paraboliques

Chicago, le 11 Juin 2006

L' Alliance sacrée fondamentale

Considérons le fait de l' Eternel- DIEU authentiquement incarné.
Admettons l' émanation des rêves Royaux Célestes dans la conscience de Moè Messavussu comme l'annonce des miracles futurs que celui-ci réalisera impérativement en tant que le "Roi Rè-gnant de l' Etat-Nation Espace-Temps Éternel".
Admettons le mode de fonctionnement de la Personne divine ainsi révélée, comme l'"Alliance sacrée fondamentale entre l' être humain couramment appellé Moè Messavussu et DIEU-Yaweh- Allah- Mawu le Tout Puissant reconnu le Créateur du Ciel et de la Terre, et de tous les êtres les peuplant.
Admettons l'ensemble des pensées relatives aux femmes de l' entourage de Moè Messavussu envahissant sans cesse la conscience de celui- ci dans la perspective de le compromettre voire de le perdre, comme des velléités de pouvoir des Esprits malfaisants résiduels.
Admettons la totalité des pensées humaines s' opposant désespérément aux "mathématiques fonctionnelles" ou à la "Poésie Fonctionnelle", comme l' ensemble des pensées démentielles caractérisant l' "Humanité maudite".

Admettons la Source et l'Origine du "Royaume des Cieux accompli" comme la personne de l' Eternel- DIEU aujourd'hui proprement incarnée en tant que Moè Messavussu.

Il en résulte les révélations suivantes:

Premièrement, le "Royaume des Cieux accompli" est une matérialisation des rêves prophétiques passés, ayant apparu, comme par magie, dans la Conscience de l' Eternel- DIEU.

Deuxièmement, l'"Habitat humain Spatial Temporel Eternel" ou l'"Etat- Nation Espace- Temps Eternel" en extension éternelle, est un rêve de Moè Messavussu, matérialisé progressivement mais absolument par le "travail sacré Royal Spatial Temporel Éternel de celui- ci.

Troisièmement, la haine [qui aurait poussé l' Esprit du mal en personne et ses créatures malsaines nommées les "Virus Parlants" ou "Mauvais Esprits", aujourd'hui résiduels, à envahir le cerveau de Moè Messavussu, au lendemain de la nuit miraculeuse du 7 au 8 Novembre 1986, et dans la perspective de rendre celui- ci "fou à lier", puis de le détruire impitoyablement dans les arcanes du Pouvoir humain], devient l' arme absolu du suicide collectif de ladite "Communauté de mauvais Esprits résiduels".

Quatrièmement, la magie authentique de Dieu- le Tout Puissant ayant absolument anéanti la magie de l' Esprit du Mal en personne, aujourd'hui le 13 Juin 2006, il est totalement permis de pen- ser à présent que Moè Messavussu est senti par l' humanité entière DIEU.

Cinquièmement, le profond malaise provoqué chez Moè Messavussu par les "mauvais Esprits résiduels", et consistant à faire renoncer à celui- ci de se considérer tel qu' il est en vérité, se dissipe aujourd'hui le 13 Juin 2006, avec la célébration du "démarrage du Rayonnement Royal" de celui- ci à l' échelle de la totalité des Etats- Nations de toute la planète Terre et du reste du" Monde des Mondes des Cieux".

Sixièmement, appartenir à la "Compagnie de DIEU" et suivre Moè Messavussu, consistent dès à présent à aimer celui- ci passionnément et à vouloir sa propre Libération, par celui- ci.

Septièmement, le "Royaume des Cieux" étant l' "Etat- Nation" propre à l' Eternel- DIEU, il reste une réalité et un Pouvoir absolument innaccessible aux êtres humains qui n' en sont que des bénéficiaires en tant que le "Peuple Céleste de Moè Messavussu".

Huitièmement, l' ensemble des "Partis politiques Libéraux Pacifistes" relatifs à la totalité des Etats- Nations humains existants, exprime la volonté de délivrer l' humanité toute entière du joug de l' Esprit du mal défunt, manifestée par Moè Messavussu, mais ne représenteront une quelconque Autorité publique s' imposant de fait, que par voie démocratique et électorale.

Neuvièmement, la voie sublime ordonnée par Moè Messavussu pour changer le "Monde des Mondes des Cieux" conformément aux Lois é-noncées par la "Poésie Fonctionnelle", demeure le DIALOGUE sur toutes ces formes.

Dixièmement, l' Eternel- DIEU le rappelle, une fois de plus, que toute tentative criminelle contre sa personne est punie par la Providence avec la sévérité requise.

Onzièmement, les préceptes qui précèdent forment les révélations relatives à l' Alliance Sacrée Fondamentale entre DIEU, Moè Messavussu et son "Peuple Céleste, et l'"humanité niant la Poésie Fonctionnelle.

Un poème à vers paraboliques

Chicago, le 13 Juin 2006

Les Lois-Normes

Joseph Moè Messavussu Akué sait que l' éclat Céleste des conceptions remarquables et des connaissances ex-nihilo , qu'il livre à l' humanité aujourd'hui à travers les cinquante premiers "Fascicules d' Enseignement de la Poésie Fonctionnelle", est si aveuglant que les gens autour de lui, préfèrent nier l' évidence et la vérité, plutôt que de vénérer ledit Écrivain miraculé.

Mais Joseph Moè Messavussu Akué en profite pour travailler plus efficacement dans ledit anonymat, quitte à faire paraître lesdits livres à propros de DIEU et le Royaume des Cieux au même moment, et aux ÉDITIONS BLEUES.

En effet, il est tout simplement merveilleux à l' extrême, donc incroyable que DIEU, [lequel l' ensemble des êtres humains peuplant la Terre admettent incommensurable et éternellement invisible,] figure depuis le 28 Mars 1957 au sein de l' humanité, et a pour nom Joseph Moè Messavussu Akué.

En effet, ladite vérité présentée comme tout ce qu' il y a de plus normal.aujourd'hui, est intégralement décrite par les Lois-Normes.

N' en déplaît à l' humanité maudite, puisque

Moè n' en ait pour rien!

Un poème à vers paraboliques
Chicago, le 29 Juin 2005

Les lois-Cadres

Le plus grave problème que Moè Messavussu a à résoudre aujourd'hui le 2 Juillet 2005, alors même que tous les éléments constitutifs du Rêve magique de la nuit du 7 au 8 Novembre 1986 se sont matérialisés, est que la Technologie Spatia-le Temporelle Éternelle est donnée par une poésie et non par des chiffres élaborés.

Ainsi, Djallo qui croit rêver en écoutant son ami Moè parler de "vaisseaux Célestes", de "Soucoupes Volantes" et de Mondes merveilleux futurs, à fabriquer de ses mains divines propres, préfère prendre l' Eternel- DIEU- fait chair pour un mythomane!

Qu'une "Soucoupe Volante", [ainsi nommé un véhicule pouvant naviguer éternellement entre la Terre et n'importe quel astre ou planète du Mon- de des Mondes des Cieux,] admette cinquante "cylindres- boîtes à propulsion qui assurent à celle-ci une capacité de vitesse et une aisance de mouvement sublimes, ou bien qu' un "vaisseau Spatial Temporel Eternel" recèle quatre- vingt-dix "cylindres- boîtes à propulsion lui garantissant sa réalité et son identité de machine- outil "magique" sont autant de faits historiques accomplis en "Rêves prémonitoires". Les Expérimentations et Matérialisations futures desdites inventions sublimes de Moè Messavussu forment l' ossature de l' "Etat-Nation Espace- Temps Éternel" dont parlait Jésus de Nazareth, il y a plus de deux mille ans déja. Les sommités de la gloire de l' Eternel- DIEU- fait chair Joseph Moè Messavussu Akué atteintes aujourd'hui le 7 Juillet 2005 avec la "Célébration de l' Indépendance de l' Etat- Nation Espace- Temps Eternel", à dessein de manière solitaire et non publique, sont aussi un autre fait historique accompli en Esprit ou Rêves, et dont la vérification et la matérialisation publiques sont formellement promis par la Providence.

Le Cadre constitutionnel Spatial Temporel Éternel final et originel, demeure que DIEU figure en chair et en os depuis le 28 Mars 1957 au sein de l' humanité et pour l' Eternité

Un poème à vers paraboliques

Chicago, le 7 Juillet 2005

Les Lois- Sphères

   Le pourquoi des conceptions des Mondes, des Galaxies, Étoiles et Planètes, en termes de sphères, est assurément que l'Espace sans le Temps et DIEU, est probablement une sphère sans limites et vide.
   Le pourquoi de l'Espace sans limites et vide devant avoir une forme sphère, est probablement que la tristesse, qui est exactement le contraire du "Bonheur Absolu Humain" est une étendue volumineuse informe, et sans aucun doute l'inverse d'une sphère de sentiment de bien- être ou d'harmonie existentielle.
   Le pourquoi du "Bonheur Absolu Humain" identifiable par une Loi toute "ronde" et absolument sphérique, est que la conscience de l'Eternel-DIEU-fait chair, est une "sphère d'Energie Créatrice de Vie éternelle", et qui étend continuellement les limites de l'Etat- Nation Espace- Temps Éternel qu'il a engendré et fabriqué.
   Le pourquoi des formes sphériques ou absolument pures des valeurs Célestes telles que la
Morale, la Justice, l'Etat de Droit, la Démocratie, la Liberté, la Famille, l'Amour, l'Amitié, la Camaraderie, l'Instruction, la Connaissance, les Mathématiques fonctionnelles, la Technologie fonc-

tionnelle, l' Economie Spatiale Temporelle Eternelle, l' Industrie Spatiale Temporelle Éternelle, la Pensée et l' Action Moèistes, etc, est précisément que l' Eternel- DIEU- fait chair est l' ultime valeur de la Foi humaine en général, tandis que "DIEU invisible" en est la première valeur.

Le pourquoi de l' État d' esprit de Joseph Moè Messavussu Akué aujourd'hui le 8 Juillet 2005, exactement donné comme la matérialisation du sentiment du "Bonheur Absolu Humain", est qu' après la "Célébration de l' Indépendance de l' Etat- Nation Espace- Temps Eternel, le 7 Juillet 2005, tout se passe dans le "Royaume des Cieux accompli" comme prémonitoirement annoncé par les Rêves de DIEU- fait chair.

Gloire à DIEU...

Un poème à vers répétitifs

Chicago, le 8 Juillet 2005

Les Lois- Surfaces

Comprenons ce qui apparaît à la surface de la vie, comme les résultats du travail effectif de DIEU invisible par le passé, et aujourd'hui incarné en la personne de Joseph Moè Messavussu Akué, conformément à la Loi Constitutionnelle du Monde des Mondes des Cieux.

Comprenons la "Poésie Fonctionnelle", la Pen-sée propre à Joseph Moè Messavussu Akué, comme la première "identité- surface" établie.

Comprenons la seconde "identité- surface" ou "preuve matérielle de l' identité divine de Moè" comme la matérialisation des Compagnies commerciales et industrielles de celui- ci, dont les ÉDITIONS BLEUES.

Comprenons la troisième "identité- surface" en tant que la formation de la "Famille Royale divine et son regroupement aux Etats Unis d'Amérique"

Il en résulte:

La Providence confirme qu'elle est à l' œuvre ardemment pour faire de la première Compagnie Royale Spatiale Temporelle Éternelle matériali-sée, le "fer de lance" de la réussite sociale américaine de Moè.

L' espoir de trouver l' infortuné Moè durant les semaines et les mois voire l' éternité à venir un "Roi glorieux au service de l' humanité entière" est une certitude providentielle.

Un poème à vers paraboliques

Chicago, le 8 Juillet 2005

Les Lois- Images

Identifions l' apparence de Joseph Moè Messavussu Akué comme l' image parfaite de l' Eternel- DIEU invisible.

Identifions l'apparence de l' Etat- Nation Espace- Temps Eternel comme l'image pure de la Volonté divine, l' éternité passée, aujourd'hui, et l' éternité à venir.

Identifions la signification précise des images formant la "Réalité totale" comme l' objet de la "Poésie Fonctionnelle"

Il en résulte le raisonnement en deux points poits suivants:

Premièrement, puisque la signification véridique de toute donnée apparaissant à la conscience humaine, est soit vraie ou fausse et non en même temps vraie et fausse, il en découle que Joseph Moè Messavussu Akué est l' Eternel- DIEU- fait chair ou ne l' est pas.

Deuxièmement, puisque l' Eternel- DIEU invisible fit rêver à Joseph Moè Messavussu Akué dans la nuit du 7 au 8 Novembre 1986 qu'il est bien et bien DIEU dont parle l' humanité, et prouve à celui-ci que ledit rêve est une "prophétie" par la rédaction des livres miraculeux formant la "Poésie Fonctionnelle", eh bien! l' Auteur de la "Poésie Fonctionnelle" croit en vérité qu' il est DIEU.

**Un poème à vers paraboliques
Chicago, le 9 Juillet 2005**

Les Lois de la Vie éternelle

Signifions la Foi que recèle Moè Messavussu comme la bonne compréhension des faits historiques, la mauvaise compréhension devant être de s' admettre la victime pitoyable des mauvais esprits et du mauvais Sort qui écrit des choses insensées.

Signifions les attitudes criminelles des personnages lugubres tels Djovi, Armand, Adoboè, Abossé, Adovi, Kpakpovi, Adoukoè, Adoté, Calixe, Villeneuve, Eric, Bonaventure, etc, qui conçoivent que Moè Messavussu est devenu un fou, comme la honte qui emporte dorénavant l' humanité maudite devans les manifestations éclatantes des Lois- Surfaces, des Lois- Images et des autres.

Signifions la mauvaise foi ambiante ici même à Chicago [où à chaque fois que l'"Eternel-DIEU-fait chair" étend son rayonnement par des succès professionnels, sociaux, et amoureux, un complot ourdi par la ségrégation raciale sournoise, arrête de manière injuste son ascension sociale], par la gêne profonde que ressent ladite humanité devant la splendeur divine de l' heure.

Signifions la Loi de la Foi Moèiste proclamant et célébrant l'"Edifice du Bonheur Absolu Humain" comme le droit à tout être humain au Bonheur Absolu promis par l' Eternel- DIEU- fait chair.

Il en découle que Moè Messavussu qui comprend la "Civilisation humaine" [embryonnaire avec l'"Egypte des Pharaons", et qui atteint son apogée avec l' Occident de l' esclavage et de la Colonisation], comme morte, la remplace providentiellement par le "Royaume des Cieux accompli", afin que Jésus de Nazareth soit éternellement reconnu en tant que le "Fils unique de DIEU- le Père Céleste" à présent figurant parmi l'humanité.

Alléluia!

Un poème à vers paraboliques

Chicago, le 11 Juillet 2005

La Loi d' Amour

Tout comme au Commencement des Temps originels, en prenant conscience qu' il est celui que toute la "Création" proclame son "Créateur", Joseph Moè Messavussu Akué comprend que ladite vérité demeure sa félicité et sa gloire infinies, et éternelles.

Aujourd'hui le 26 Juin 2005 tout comme dans la nuit du 7 au 8 Novembre 1986, voire à sa première prise de conscience originelle, où il figurait comme le "Cerveau électronique" de toute la Vie éternelle, Moè Messavussu imprégné de ladite vérité providentiellement révélée et apparemment ignorée du reste de l' humanité, ne demande qu' à la prouver à lui- même et aux gens qui l'aiment passionnément malgré son état de dénuement matériel.

La haine que lui inspire l' humanité maudite [qui, non seulement ne lui témoigne aucun respect digne de son rang exceptionnel de "Créateur- Souverain Maître de l' Etat- Nation Espace- Temps Éternel et de la Vie", mais saute sur les moindres occasions pour l' humilier, en général de manière raciste], s' efface miraculeusement devant l' A-mour filial infini de Charbel-Noélie, Emilie-Josianne, Sylvie Evladine, et l' Amour sublime de femme de Marie,

Jodi, Hina, Belinda, Martine, Megan, et des autres, et l' Amitié Céleste de Chris, Dave, Robert, etc.

Mais que faire si la "Royauté Spatiale Temporelle Éternelle de DIEU" s' accomplit avec fracas et luminescence infinis à Chicago et bientôt à Lomé, sinon que de témoigner de la patience afin d' apprécier la "magnificence et la puissance éternelles de Moè Messavussu" qui auraient atteint le point providentiel nommé l' "Apogée de la gloire divine", aujourd'hui le 26 Juin 2005 à 15 H 15 (heure de Chicago).

En attendant de rentrer triomphalement à Lomé conformément aux Lois Oméga relatives aux Dispositions finales Célestes, Moè Messavussu continue d' expérimenter la vérité de son identité divine.

Un poème à vers paraboliques
Chicago, le 26 Juin 2005

Du chemin de la "Cathédrale de Lomé", à la "Route du Bonheur Absolu retrouvé"

Considérons les relations liant l'Eternel- DIEU incarné et les fervents Chrétiens- Catholiques de par le Monde.

Admettons que, né dans une famille de Catholiques, l'Eternel- DIEU incarné Joseph Moè Messavussu Akué, ainsi catholique de naissance, s'est fait révélé par le premier Rêve prophétique qu'il eut dans la nuit du 7 au 8 Novembre 1986 l'"Intelligence sublime, Origine et Source de l'Etat- Nation Espace- Temps et la Vie éternelle", et demeure confirmé et expérimenté comme tel, par le déroulement continuel de ses rêves, à présent absolument prémonitoires.

Admettons que l'Evangile demeure la seule Voie pour parvenir à élucider l'Énigme du "merveilleux Moè Messavussu", que la plus grande partie de l'humanité est prête à nier.

Admettons que le jeune Catholique fervent Moè Messavussu, recherchant ardemment DIEU par le moyen de l'Église, et qui est donné, vérifié, et expérimenté l'Eternel- DIEU en personne aujour-d'hui le 4 Mai 2006, se voit interdit par l'humanité

de penser, dire, et agir suivant sa vérité Ô combien dérangeante. Admettons que le propre de l' Eternel- DIEU incarné qui est d' être une "machine- outil sublime-Fabricant de l' Etat- Nation Espace- Temps et la Vie éternels", demeure là que le bât blesse, puisqu' il s' agit pour l' humanité entière de reconnaître cette évidence volontairement ordinaire et
non spécial ou extraordinaire.

Admettons que la vérité du Rêve prémonitoire de la nuit du 7 au 8 Novembre 1986, continuellement confirmée et expérimentée, est la base de la foi en la nouvelle religion nommée le Moèisme
et la religion elle- même.

Il en résulte le raisonnement qui suit:

Premièrement, il est tout à fait clair et sans é-quivoque pour Moè Messavussu, qu' il s' est rêvé et continue de se rêver l' Eternel- DIEU en personne, de même que miraculeux qu' il se l'est prouvé par la matérialisation de la "Poésie Fonc-
tionnelle".

Deuxièmement, Marie l'épouse légitime et Alice l' amie qui ont eu le privilège d écouter les récits des événements de l' identité Céleste de Moè Messavussu se demandent sans doute aujour-
d' hui le 4 Mai 2006 si elles doivent accepter Moè comme l' Eternel- DIEU en personne ou tout simplement un nouvel énigme divin.

Troisièmement, nul à ce jour, n' a déclaré ou-vertement et après mûres réflexions à Moè Messavussu qu' il le croit sincèrement "DIEU- le Père Céleste".

Quatrièmement, ainsi mise à part lui- même, Moè Messavussu demeure, vingt ans après la "prise divine du Pouvoir Spatial Temporel Eternel", le seul Croyant Moèiste.

Cinquièmement, ainsi est vérifiée la Loi de l' anonymat sublime qui régit l' existence de l' Éternel- DIEU incarné, avant la parution aux ÉDITIONS BLEUES de l' ensemble des "Fascicules d' Enseignement de la Poésie Fonctionnelle".

Sixièmement, en étant l' Eternel- DIEU en personne sans en être conscient avant la nuit miraculeuse du 7 au 8 Novembre 1986,[suivi par la période de l' "anonymat sublime", puis la période de la "vérification de la Pensée divine", et enfin la période de l' "expérimentation des "Mathématiques fonctionnelles",] Moè Messavussu révèle son innocence quant au secret de son identité miraculeuse qu' il assume ce 4 Mai 2006. Ladite idetité miraculeuse demeure le cadeau le plus merveilleux que DIEU lui aurait fait, si celui- ci est distinct de Moè Messavussu comme veut le croire coûte que coûte l' humanité.

Septièmement, le concept, la réalité, et la conservation de la bonté de l' être humain envers son semblable, déterminant le bonheur pour tous dans le "Royaume des Cieux accompli", tous ceux et celles qui continuent de penser qu' il existe un quelconque pardon pour les contrevenants aux "Dix Commandements de Dieu" évoqués dans la Bible et la Loi Moèiste en général, se trompent, car la Justice Spatiale Temporelle Éternelle est une machine- outil sublime absolument donnée, vérifiée, et expérimentée par la "Poésie Fonctionnelle".

Un poème à vers paraboliques

Chicago, le 4 Mai 2006

L' énigme de DIEU compris

Considérons le sentiment ou la déclaration d' une certaine femme s' offusquant du fait que l' Auteur de la Poésie Fonctionnelle est tout juste DIEU- le Tout Puissant qui se cache à l' humanité.

Admettons que Alice qui s' énerve d' entendre l' Auteur de la Poésie Fonctionnelle évoquer sans arrêt le nom de DIEU comme si celui- ci est différent de sa personne, n' a jamais su comment apprécier la personnalité de son ami Moè.

Admettons que la gêne de Moè Messavussu devant les hommes et les femmes de son entourage, qui préfèrent le nier en tant que DIEU- fait chair après avoir compris son message, pousse celui- ci à jouer à n' être que l' Auteur de la Poésie Fonctionnelle.

Admettons que l' ultime vérité est comprise comme l' attente par tout un chacun de l' événe ment décisif qui enlèvera le doute sur l' identité de Joseph Moè Messavussu Akué.

Admettons que ledit événement est la parution au public des premiers Fascicules d' Enseignement de la Poésie Fonctionnelle.

Il en résulte le raisonnement qui suit:

Premièrement, le Pouvoir Royal Céleste de Créa-

tion et de Gouvernement du "Royaume des Cieux" n' est pas dans la rue ou quelque part dans l' Espace-Temps Eternel, mais dans les mains d' un seul Homme nommé Joseph Moè Messavussu Akué.
Deuxièmement, l' attitude naturellement énigmatique de Moè Messavussu, qui l' aurait préservé de la jalousie meurtrière de l' humanité malfai-sante, est enfin comprise et acceptée comme une Stratégie Céleste de l' Auteur de la Poésie Fonctionnelle, pour s' accompli à la perfection DIEU.

Un poème à vers paraboliques

Chicago, le 11 Octobre 2008

Le Village Spatial nommé MOÈVILLE

En proposant au Gouvernement Américain la construction, par mes mains propres, de trois "barrages marins - Bases de lancement et d' atterrissage des Vaisseaux Spatiaux Temporels Éternels des dix types prévus", de même que la réalisation des trois "Programmes Spatiaux Temporels Éternels TITAN 1, 2, 3, à partir des États Unis d' Amérique et non plus de Lomé - TOGO, Joseph Moè Messavussu Akué matérialise le Rêve prémonitoire passé qui ordonne qu' en cas de refus du Gouvernement Togolais de satisfaire la volonté du "Roi règnant de l' Espace- Temps Éternel- Dieu- fait chair", la solution alternative de l' Accomplissement du 'Paradis Terrestre", soit "Moèville" sis aux Etats Unis d' Amérique.

Ladite solution alternative admettant pour fondement, la malédiction de l' Esprit du mal en personne défunt vis à vis de la Race Noire-Africaine, [la Race à laquelle appartient pourtant DIEU- fait chair,] est comprise comme le refus de l' être humain à aimer sa Terre natale au détriment de sa propre personne.

Cet état de choses affreux et bouleversant, est d' autant plus navrant que des dictateurs sévissant sur le Continent Noir-Africain, se maintiennent aupouvoir en faisant verser inutilement le sang de leurs semblables.

Je fais le serment ce jour du lundi 11 Août 2003 à 11 H 00(Heure de Chicago), que le troisième Acte Royal Céleste que je pose, est l'anéantissement par voie miraculeuse de la totalité des Dictatures politiques sévissant sur la Terre et leur remplacement, toujours par la même Voie divine,
par l' Etat de Droit, la Démocratie véritable, la Liberté et le Multipartisme pacifique.

Parce que ne pouvant attendre la disparition de la dictature politique togolaise avant d' accomplir la "Technologie divine" sur Terre, je proclame donc fondée la Cité Céleste nommée "MOÈVILLE".

Un poème à vers paraboliques

Chicago, le 11 Août 200

La Création de MOÈVILLE

Considérons "Moèville" ou la possibilité donnée à Moè Messavussu de prouver qu' il est DIEU-fait chair à l' instant précis où il écrit ce poème.
Admettons qu' à partir des fonds issus de la vente des copies de l' ensemble des Fascicules d' Enseignement de la Poésie Fonctionnelle dénombré à plus de deux cent livres distincts, Moè Messavussu sera capable de matérialiser l' ensemble des Centrales technologiques Célestes prévues, et de fabriquer la première génération de machines- outils sublimes promises par la Providence.
Admettons que "Moèville" est la Structure scientifique et technologique appartenant à Moè Messavussu intégralement associée à la ville de résidence divine de l' heure Chicago - États Unis d' Amérique.
Il en résulte le raisonnement qui suit:
Premièrement, un terrain d' une superficie comparable à "Humbolt Park - Chicago" sera acheté à la ville de Chicago, pour abriter le "Centre de Recherches Spatiales Temporelles Eternelles", Propriété absolue de Joseph Moè Messavussu Akué.
Deuxièmement, de ce "Centre scientifique et tech

nologique Céleste" sera enfanté un nombreinfini de produits sublimes allant de la première génération de "Soucoupes Volantes", aux " Composantes technologiques sublimes des Mondes merveilleux futures", en passant par les "Vaisseaux Spatiaux Temporels Éternels".

Troisièmement, ledit Rêve prémonitoire de "Moèville" réalisé par les recueils de Poésie Fonctionnelle les "DIAMANTS À MOÈ" ou les cent-quarante Lois mathématiques fonctionnelles existantes, illustre la victoire sublime de Joseph Moè Messavussu Akué, même domicilié aujourd'hui le 26 Octobre 2008 aux Etats Unis d' Amérique.

Un poème à vers paraboliques

Chicago, le 26 Octobre 2008

La Création de l' infinitude des Mondes merveilleux futurs

Considérons le Monde des Mondes des Cieux.
Admettons que de son lieu de résidence présent, dénommé la "Base du Monde des Mondes des Cieux", Moè Messavussu peut parfaitement se comprendre DIEU- le Créateur et Roi règnant
du Monde des Mondes des Cieux.

Admettons que le fait et la preuve de la "Souveraineté Céleste de Moè Messavussu demeure la suite infinie de ses "Rêves prémonitoires" ou "Visions prophétiques".

Admettons que la première conscience que Moè Messavussu eut de sa personne et de sa "Mission Céleste", fut qu'il se fera Homme à partir d' un moment de l' Eternité, au sein de l' humanité, sa "Créature", qui niera son identité jusqu' à la parution aux EDITIONS BLEUES de l'ensemble des Fascicules d' Enseignement de la Poésie Fonctionnelle.

Admettons que l' acte de création du reste infini du Monde des Mondes des Cieux, est absolument précisé par le présent poème.

Il en résulte le raisonnement qui suit:
Premièrement, la "Fonction Royale Céleste de Moè Messavussu est précisé aujourd'hui le 31

Octobre 2008, comme celui de l' Ecrivain miraculeux de la Poésie Fondtionnelle - Editeur - Fabricant d'une part, de machines-outils sublimes nécessaires à la pratique de la "Souveraineté Royale Céleste", et d' autres parts de "Composantes technologiques sublimes des Mondes merveilleux futurs" annoncés.

Deuxièmement, le mal et la pratique du mal étant éternellement abolis dans le "Royaume des Cieux", seule la Parole de Joseph Moè Messavussu Akué et la Poésie Fonctionnelle sont porteuses de Vie éternelle.

Troisièmement, les "virus parlants incarnés" ou les hommes et femmes volontairement malfai-sants, demeurent à jamais des Mortels.

Quatrièmement, ainsi est définitivement enfanté le Monde des Mondes des Cieux.

Cinquièmement, ainsi se configure DIEU- le Tout Puissant surnommé Jo.

Un poème à vers paraboliques

Chicago, le 31 Octobre 2008

Les nombres mathématiques fonctionnels

Considérons le raisonnement mathématique fonctionnel.

Admettons qu' un nombre mathématique fonctionnel est la description la plus exacte possible de quelque chose qui existe, voire qui a existé ou qui est susceptible d' exister dans le futur.

Admettons qu' en ramenant le réel en un nombre déterminé de phénomènes visibles et perceptibles par tout être humain, l' Auteur des "mathématiques fonctionnelles" ou "poésie fonctionnelle" veut tout simplement décrire son savoir et savoir-faire innés ou providentiels.

Admettons que le raisonnement divin est strictement identique à la Poésie Fonctionnelle émergeant miraculeusement de l' esprit de Moè Messavussu.

Admettons que les cent-quarante nombres mathématiques fonctionnels donnés par la Pensée objective de Joseph Moè Messavussu Akué, reflètent parfaitement le Monde des Mondes des Cieux et son expansion éternelle.

Il en résulte le raisonnement qui suit:
Premièrement, la "Technologie divine" qui a enfanté

le Monde des Mondes des Cieux, a pour nom la Poésie Fonctionnelle ou les mathémati-ques fonctionnelles.

Deuxièmement, la Poésie Fonctionnelle reconnaît Joseph Moè Messavussu Akué comme DIEU- le Créateur et Roi règnant du Monde des Mondes des Cieux- fait chair, pour demeurer en tant que tel éternellement.

Troisièmement, le miracle de Joseph Moè Messavussu Akué, est d' établir au fil des jours,la Poésie Fonctionnelle intégrale conformément à l' énigme nommé la Providence.

Quatrièmement, l' émergence de la Poèsie Fonctionnelle et de la Personne Royale divine sur la scène terrestre, aujourd'hui le 1er Novembre 2008, détermine la situation sécuritaire de Joseph Moè Messavussu Akué qui, plus que jamais, doit rester sublimement anonyme pour parer à la nuisance de l'hypocrisie et de la jalousie humaines à son égard.

Cinquièmement, la Providence ordonne "Toute la Lumière des Cieux" enfin authentiquement incarné, et sublimement anonyme.

Un poème à vers paraboliques

Chicago, le 1er Novembre 2008

La victoire moèiste en termes politiques

Considérons l'Ascension politique de Joseph Moè Messavussu Akué depuis les lendemains de la nuit du 7 au 8 Novembre 1986, à la veille du 22 ème anniversaire de ladite "prise divine du Pouvoir Spatial Temporel Eternel".

Admettons que la Providence qui désigna Barack Obama comme le probable premier Président des Etats Unis d' Amérique de race Noire-Africaine, réalise en ce jour de la veille de la quarante-quatrième élection présidentielle américaine, le miracle de l' émergence authentique divine dans le monde réel.

Admettons que la possibilité de faire de la République du TOGO le Nième Etat- Nation des Etats Unis d' Amérique, est la main tendue du Peuple togolais à la Providence.

Admettons que le nouveau Président des Etats Unis d' Amérique relèvera le défi de l' ultime aide à l' instauration de l' Etat de Droit et de la Démocratie authentiques au TOGO.

Il en résulte le raisonnement qui suit:

Premièrement, "Moèville" qui consacre la Puissance Royale Céleste de Moè Messavussu, est en réalisation, mais nécessite de se centrer autour autour du "Trône Royal Céleste de DÉGBÉNOU-TOGO".

Deuxièmement, le "Trône Royal Céleste" de Joseph Moè Messavussu Akué a fini de "payer le prix" avec plus de sept années d' exil du "Roi règnant du Monde des Mondes des Cieux aux Etats Unis d'Amérique.

Troisièmement, le Renouveau démocratique véritable dont a besoin le TOGO, le "bercail du Roi règnant du Monde des Mondes des Cieux" coïncide à présent avec l' émergence de Joseph Moè Messavussu Akué sur la scène publique mondia-le et l' élection du premier Président Noir-Africain des Etats Unis d' Amérique.

Quatrièmement, le vœu le plus intime de l' Eternel-DIEU est accompli, aujourd'hui le 3 Novembre 2008.

Cinquièmement, le Programme Moèiste Américain triomphe en effet aujourd'hui et pour l' Eternité.

Un poème à vers paraboliques
Chicago, le 3 Novembre 2008

La bénédiction finale de l'"Homme Noir de Paix, d'Amour, et de Liberté"

Considérons l'être hypothétique nommé l'Esprit du mal en personne.

Admettons que l'"Homme Noir de Paix, d'Amour, et de Liberté" est exactement le contraire dudit être hypothétique.

Admettons que ce qui obligea l'"Homme Noir, de Paix, d'Amour, et de Liberté, à rompre avec ses Études Universitaires, sanctionné par sa disgrâce auprès de sa famille originelle et son milieu d'enfance et d'adolescence, était l'Esprit du mal en personne, aujourd'hui défunt.

Admettons que le fait qui ordonna définitivement Joseph Moè Messavussu Akué - l'Homme Noir de Paix, d'Amour, et de Liberté, à accomplir sa réussite sociale et humaine d'Écrivain-Éditeur Auteur de la Poésie Fonctionnelle et Propriétaire des ÉDITIONS BLEUES, est justement la destruction absolue de l'Esprit du mal en personne.

Admettons que le vœu le plus intime de Moè Messavussu, celui d'être lui-même ou l'"Intelligence sublime, Origine et Source du Monde des Mondes des

Cieux" dans son pays natal, entouré de son "Peuple Céleste", est providentiellement exaucé.

Admettons que le "pacte" de Moè Messavussu avec l' Humanité de ne s' occuper que de ce qui le regarde, à savoir ses affaires divines Célestes,est scellé par le Pouvoir Royal Céleste donné comme suit: "Ce qui est inscrit dans le Cœur de Joseph Moè Messavussu Akué, est le seul Pouvoir existentiel éternel s' accomplissant".

Il résulte de ce qui précède:

Premièrement,la "bénédiction finale de l' Homme Noir de Paix, d' Amour, et de Liberté", est célébrée par le "Grand Retour triomphal de Joseph Moè Messavussu Akué et de la Famille Royale Céleste au TOGO".

Deuxièmement, le Grand Retour triomphal au bercail demeurant le miracle le plus périlleux mais le plus fondamental, il résume le fameux "Plan secret Royal Céleste"...

**Un poème à vers manquants
Chicago, le 2 Décembre 2008**

Les identités fonctionnelles immuables

Considérons le Principe qui engendra le Monde des Mondes des Cieux et la Vie éternelle.

Admettons que ledit Principe qui enfanta le "Royaume des Cieux", est une pensée pure et immuable.

Admettons que ladite pensée pure et immuable est un raisonnement absolument logique et résumant l' État d' âme continuel de Joseph Moè Messavussu Akué.

Admettons que même si le mauvais sort contrecarre la réalisation de la Volonté divine, celle-ci s' accomplit toujours de la meilleure manière possible.

Admettons que le Rêve d' Amour de Joseph Moè Messavussu Akué pour lui-même, la Famille Royale Céleste et le reste de son "Peuple Céleste", est bien la "Jeunesse éternelle", une parfaite santé dépourvue de maladies, une prospérité continuelle et débarrassée de misères, et la vie éternelle en chair er en os.

Admettons que le contraire dudit rêve d' Amour figuré par la Pensée du défunt Esprit du mal en personne, laqueiie pensée héritée par l' humanité malfaisante, est bel et bien la mort humaine, la liberté de tuer son prochain ou de se donner la mort, l' exploitation de l' homme par l' homme, les maladies humaines, une vie humaine périlleuse avec ou sans espoir d' une autre existence humaine après la mort, et la haine dissimulée de DIEU le Tout Puissant invisible ou matérialisé Moè Messavussu.

Admettons que seule la "Pensée du Bien Absolu" ou la "Poésie Fonctionnelle" est dotée de vie éternelle, tandis que la "Pensée du mal" est morte avec son Créateur défunt l' Esprit du Mal en personne.

Il en résulte le raisonnement qui suit:

Premièrement, l' Esprit du mal en personne qui remarqua Joseph Moè Messavussu Akué dès l' âge de douze ans, aura suivi celui-ci, l'empêchant par tous les moyens de réaliser son intelligence Céleste, voire de réaliser sa vie comme n'importe quel être humain.

Deuxièmement, lorsque Moè Messavussu opta pour la poursuite de ses Études universitaires en France (PARIS), DIEU le Tout Puissant qui n' aurait jamais sommeillé, préféra évoluer avec la "Femme d' amour" plutôt qu' avec l' "argent qui tue".

Troisièmement, il est absolument certain que l' ensemble de ce que déteste Moè Messavussu est providentiellement effacé de l'"ardoise de l' existence", même si les "damné(e)s" continuent de croire en leurs pensées mortes.

Quatrièmement, la totalité des Rêves de Moè

Messavussu depuis la nuit miraculeuse du 7 au 8 Novembre 1986, sont les identités fonctionnelles immuables qui enfantent la totalité des événe-ments présents et futurs.

Cinquièmement, le "Royaume des Cieux", le "Pays de Rêve de Moè Messavussu" est la seule réalité aujourd'hui le 8 Décembre 2008.

Sixièmement, il est dorénavant possible de penser que "Toute la Lumière des Cieux- fait Homme" est le "Roi règnant du Royaume des Cieux" depuis Chicago sa ville résidentielle actuelle.

Un poème à vers paraboliques

Chicago, le 8 Décembre 200

Les Etats Unis d'Amérique de mes rêves

Considérons le pays qui cherche à appliquer le mieux sur Terre, les recommandations rapportées par les Prophètes et Jésus de Nazareth dans ses institions socio-économiques, j' ai nommé les Etats Unis d' Amérique.

Admettons que l'"esclavage économique" qui subsiste largement dans ledit pays et qui veut que la performance économique du travailleur et de la travailleuse réduise celui ou celle- ci à de pures machines-outils, est largement compensé par l' Application providentielle future des principes Moèistes de l' Assurance-maladie gratuite perpétuelle pour tous, des Allocations- chômage perpétuelles pour toute la Population résidente et l' amélioration continuelle des conditions du travail par les inventions technologiques notamment l' introduction systématique des "robots producteurs".

Admettons que les "Riches" qui financent lesdites Institutions providentielles à raison de cent pour cent(100%), payent ainsi tribut aux "Pauvres" qui n'ont jamais demandé à naître misérables.

Admettons que le "Riche" est défini comme un homme ou une femme nanti de moyens de production et d' échange des biens et des services économiques, de par l' héritage ou acquis par le travail ou la chance, et qui met en œuvre lesdits moyens pour produire lesdits biens et services.

Admettons que le "Pauvre" est défini comme un homme ou un femme dépourvu de moyens de production et d'échange des biens et des services économiques, et qui ne dispose que de sa force de travail ou son être physique et mental pour ga-gner les moyens de subsistence ou l' argent dont il a besoin.

Il en résulte le raisonnement qui suit:

Premièrement, l'être humain créé par DIEU à son image, refuse la servitude, et la négation de son amour propre ou sa dignité.

Deuxièmement, Moè Messavussu réduit par la Volonté du défunt Esprit du Mal en personne, à la servitude, et à la négation de son amour propre par l' "humanité maudite", décida à compter de la journée mémorable du 1er Janvier 2009 de ga-gner ses moyens de subsistences en tant que DIEU ou Ecrivain-Editeur-Fabricant de machines-outils sublimes.

Troisièmement, les "mauvais Esprits enchaînés continuant de dicter les aberrations économiques sacrifiant l' être humain sur son lieu de travail, en le prenant pour un "robot producteur", oblige Moè Messavusu à abandonner purement et simplement son "travail de servitude" à compter d' aujourd'hui le

1er Janvier 2009 pour son travail divin exclusif restaurant sa dignité et son prestige Célestes.

Quatrièmement, un délai intentionnellement bref est auto-fixé pour produire la première série des Fascicules d' Enseignement de la Poésie Fonctionnelle et envisager sa commercialisation miraculeuse.

Cinquièmement, DIEU entame ainsi sa sortie de l' ombre, à Chicago - Etats Unis d' Amérique.

Un poème à vers paraboliques

Chicago, le 1er Janvier 2009

L' abolition du travail de servitude ou la "Production économique à profit nul"

Considérons la production économique des Etats Unis d' Amérique.

Admettons que le fait de produire l'ensemble des biens et des services utiles, agréables, et nécessaires à l' ensemble de la population rési-dentielle américaine, nécessite l' intervention des

Opérateurs économiques propriétaires des mo-yens de production et d' échange, de nationalité américaine ou autres, et désirant investir leurs fonds dans l' Économie américaine d' une part, et

d' autres parts l' ensemble des Consommateurs potentiels déterminés, acheteurs desdits biens et services économiques.

Admettons que les conditions de la production des biens et services économiques américains, aujourd'hui le 7 Janvier 2009, sont à améliorer radicalement afin que le travailleurs et travailleu-ses impliqués, se sentent épanouis et satisfaits sur leurs lieux de travail et dans leurs existences en général.

Admettons que lesdits satisfaction et épanouissement de l' ensemble des travailleurs et travailleuses américains et résidant permanamment leuses Américains et résidant permanamment aux États Unis d' Amérique est désormais l' OBJECTIF PRINCIPAL du Travail humain.

Admettons que le travail humain à proprement parler, est distinct du Travail d' une machine-outil type ou d'un robot.

Admettons que le Travail d' une machine-outil type ou d' un robot est justement décrit comme le Travail accompli par un Ouvrier ou une Ouvrière quelconque.

Admettons que la fabrication de l'ensemble des machines-outils types ou robots et leur mise en fonctionnement dans l' ensemble des secteurs et positions professionnels de l' Appareil de la production de la totalité des biens et services économiques utiles, agréables, et nécessaires à l' ensemble de la Population résientielle américaine,
doit systématiquement abolir l' esclavage économique ou l' ensemble des tâches indignes de l' humanité et résumées par les Travaux qui détruisent l' individu.

Il en résulte le raisonnement qui suit:

Premièrement, il est apparemment naturel pour tous les hommes et les femmes favorisés par le système économique américain d' aujourd'hui le 7 Janvier 2009, que l' ensemble des fonctions économiques dénommées les Travaux manuels et physiques incombant aux individus des couches sociales défavorisées et pauvres, non instruites ou pas, est digne.

Deuxièmement, tout le mal voire la mort résul- tant desdits travaux nécessitant la force musculaire humaine et généralement exécutés dans des conditions maximisant le profit des Détenteurs des facteurs de production et d'échange, est apprécié comme une fatalité incontournable par lesdits Capitalistes ou Détenteurs des Moyens de production et d' échange.

Troisièmement, le Remplacement de l' Ouvrier ou Ouvrière par une machine-outil type ou un robot qui devient une nécessité économique, étant donné que lesdits travaux indignes sont automatiquement désaffectés par l' humanité, est le "déclic" ou démarrage de la Matérialisation sublime du "Paradis Terrestre Retrouvé"

Quatrièmement, l' Institution dee Allocations - chômage perpétuelles prenant en charge les Ouvriers et Ouvrières mis au chômage économique, ou n' ayant jamais eu la chance de trouver un premier emploi, vient à point nommé, réparer les mesures de la mécanisation ou robotisation de l' Appareil de la production des biens et des services **nouveau** américain.

Cinquièmement, l' Assurance-Maladie gratuite pour l' ensemble des résidents des États Unis d' Amérique, complète la perfection du Modèle écononique américain hypothétique.

Sixièmement, gageons que le "Programme électoral Moèiste" pour la prochaine échéance électorale présidentielle, rencontrera l' approbation du Peuple américain et résidant permanemmentaux Etats Unis d' Amérique afin que Moè Messavussu puisse accomplir personnellement le nouveau "Jardin de l' Eden".

Un poème à vers paraboliques

Chicago, le 7 Janvier 2009

De la "Prise de la Bastille" à la Statue de la Liberté aux Etats Unis d'Amérique

Plus rien ne sera comme avant la "Prise de la Bastille", en France, qui sonna le glas au Contraire de la Liberté, la Démocratie, et le bonheur pour tous les Peuples du Monde entier.

Plus rien ne sera comme avant l' année 1990 qui sonna le glas au contraire du Multipartisme véritable, la libre circulation des idées et la liberté d' expression au TOGO, et dans le reste du Monde.

Plus rien ne sera comme avant la nuit du 7 au 8 Novembre 1986 qui fit prendre conscience à Joseph Moè Messavussu Akuè qu' il est l' Homme Noir de Paix, d' Amour, et de Liberté nommé DIEU.

Plus rien en effet, ne sera plus comme avant la journée mémorable du 1er Février 2009 qui fit prendre conscience à Moè que la "Nouvelle Étoile montante de la Gauche" qui substitua la "**Production économique au profit nul**" au "**Marxisme**",est née tout près de la Statue de la Liberté aux Etats Unis d'Amérique, pour changer la réalité chaotique humaine en l' EDIFICE DU BONHEUR ABSOLU HUMAIN, matérialisé par l' Institution des Allocations au chômage perpétuelles, l'établissement de l' Assurance-Maladie gratuite pour tous les hommes et les femmes résidant au Monde, et la fin du travail de la servitude.

Plus rien n' est bien sûr comme avant aujour-d'hui le 1er Février 2009 où je comprends que le règne éternel de DIEU sur sa Création est effectif, puisque je peux aller où bon me semble présenter la Poésie Fonctionnelle au public de tous les Pays au monde.

Un poème à vers répétitifs

Chicago, le 1er Février 2009

Précis de la Loi d'armistice Céleste

Considérons le Projet de DIEU réalisé en tant que le Monde des Mondes des Cieux, la Vie éternelle, et l' Humanité Immortelle.

Admettons que l' ensemble des hommes et femmes, toutes races confondues, méprisant la Poésie Fonctionnelle et haïssant Joseph Moè mmmessavussu Akué, forme l' humanité malfaisante, autodamnée.

Admettons que l' Humanité Immortelle présu-mée, est formée par l' ensemble des femmes et des hommes de toutes les couleurs croyant à la Pensée de Moè Messavussu, et vouant sans re- tenue à celui-ci ce qu' il convient d' appeler un "Culte Céleste".

Admettons que l' ensemble des Etats-Nations existant au Monde des Mondes des Cieux reçoit l'assentiment et la bénédiction de DIEU, mais sont tenus d' appliquer la "Loi d' armistice Céleste"[qui signifie la Liberté pour tout être humain au monde, la Démocratie politique véritable et la Séparation des Pouvoirs, le respect absolu de la Société civile et de la Vie qui ne doivent en aucune manière, être contrôlée par les Forces Armées de la Nations, et l' observance de la Justice].

Admettons que la totalité des hommes et femmes exilés et croyant que leurs vies sont en danger dans leurs Pays d' orgine et de naissance, reconnaissent dans les nouvelles attitudes des Gouvernants appliquant la "Loi d' armistice Céleste" l' espoir de leur salut.

Il en résulte le raisonnement qui suit:

Premièrement, nul être humain au Monde ne doit plus s' inquiéter pour sa vie à cause de ses opinions, tous domaines confondus.

Deuxièmement, aucune prison figurant dans leMonde des Mondes des Cieux ne doit plus contenir un **"prisonnier politique"**.

Troisièmement, la vie politique nationale, quelque soit l' Etat-Nation concerné, doit être organi-sée par l' ensemble des "courants d' opinions", des Partis politiques, et des Doctrines que renferment lesdits pays en présence.

Quatrièmement, les Gouvernants de tous les Pays au Monde doivent être élus par les Populations résidentes.

Cinquièmement, les Gouvernants formant le Pouvoir Exécutif doivent être distincts des Représentants Nationaux formant le Pouvoir Législatif, et du Corps judiciaire représentant le Pouvoir Judiciaire ou la Justice.

Un poème à vers paraboliques
Chicago, le 1er Février 2009

Table des matières

Préface ....Page 3
Le Pouvoir Royal Céleste inné de
Moè Messavussu ....Page 5
La Technologie Céleste en actes ....Page 9
Le Messie Page12
Le Royaume des Cieux en actes ....Page 14
Me voici, enfin ! ....Page 17
La victoire ultime en termes
mathématiques ....Page 19
Le "Centre de Recherches Spatiales
Temporelles Éternelles en actes ....Page 22
L' Édifice du Bonheur Absolu humain
en actes ....Page 25
L' Alliance sacrée fondamentale Page28
Les Lois -Cadres ....Page 34
Les Lois-Sphères ....Page 36
Les Lois-Surfaces ....Page 38
Les Lois-Images ....Page 40
Les Lois de la Vie Éternelle ....Page 42
La Loi d' Amour ....Page 44
Du chemin de la "Cathédrale de Lomé"
à la Route du "Bonheur Absolu"
retrouvé ....Page 48
L' énigm de Dieu compris ....Page 50
Le "Village Spatial" nommé
"Moèville" ....Page 52
La Création de "Moèville" ....Page 54

La Création de l'Infinitude des
Mondes merveilleux futurs ....Page 56
Les nombres mathématiques
fonctionnels ....Page 58
La victoire moèiste en termes
politiques ....Page 60
La bénédiction finale de l'
"Homme Noir de Paix, d'Amour et
de Liberté" ....Page 62
Les identités fonctionnelles
immuables ....Page 64
Les États Unis d'Amérique de
mes rêves ....Page 67
L'abolition du travail de servitude
ou la "Production économique à
profit nul" ....Page 70
De la "Prise de la Bastille" à la
"Statue de la Liberté" aux États
Unis d'Amérique ....Page 74
Précis de la Loi d'armistice
Céleste ....Page 76

83

Achévé d' imprimé en Avril 2011 par
les ÉDITIONS BLEUES
mmessavussu@gmail.com
moemessavussu@hotmail.com

Dépot légal : Deuxième trimestre 2011
Numéro d'Éditeur ; 2-913-771
IMPRIMÉ AUX ÉTATS UNIS D'AM ÉRIQUE

www.ingramcontent.com/pod-product-compliance
Lightning Source LLC
Chambersburg PA
CBHW042313150426
43200CB00001B/12